3 4028 07613 9998
HARRIS COUNTY PUBLIC LIBRARY

D1032317

Discapacidades y diferencias

Todos aprendemos

Rebecca Rissman

Heinemann Library
Chicago, Illinois

a division of Capstone Global Library LLC
Chicago, Illinois

Customer Service 888-454-2279
Visit our website at www.heinemannlibrary.com

Translation into Spanish by Double O Publishing Services
Printed in China by South China Printing Company Limited

13 12 11 10 09
10 9 8 7 6 5 4 3 2 1

ISBN-13: 978-1-4329-3648-8 (hc)
ISBN-13: 978-1-4329-3654-9 (pb)

Library of Congress Cataloging-in-Publication Data

Rissman, Rebecca.
[We all learn. Spanish]
Todos aprendemos / Rebecca Rissman.
p. cm. -- (Discapacidades y diferencias)
Includes index.
ISBN 978-1-4329-3648-8 (hardcover) -- ISBN 978-1-4329-3654-9 (pbk.)
1. Learning--Juvenile literature. I. Title.
LB1060.R5718 2009
370.15'23--dc22
2009018078

Acknowledgments
The author and publisher are grateful to the following for permission to reproduce photographs: ©agefotostock pp. 9 (It Stock Free), 14 (Banana Stock), 18 (Jeff Greenberg); ©Alamy p. 7 (Janine Wiedel Photolibrary); ©AP Photo pp. 16 (Colin Archer), 23 bottom (Colin Archer); ©Corbis pp. 10 (Ed Kashi), 23 middle (Ed Kashi); ©drr.net pp. 13 (Terry Smith/Mira.com), 15 (Ingo Gotz), 23 top (Ingo Gotz); ©Getty Images pp. 4 (Jack Hollingsworth), 8 (Superstudio), 11 (Mahaux Photography), 19 (Adrian Green), 20 (Ariel Skeelley); ©Heinemann Raintree pp. 17 (Richard Hutchings), 21 (Richard Hutchings); ©PhotoEdit pp. 6 (Elena Rooraid), 22 (Michael Newman); ©Shutterstock p. 12 (Monkey Business Images).

Cover image used with permission of ©zefa (Corbis/Mika). Back cover image reproduced with permission of ©Heinemann Raintree (Richard Hutchings).

Contenido

Diferencias 4

Aprender 6

¿Cómo aprendemos? 10

¿Dónde aprendemos? 20

Todos somos diferentes 22

Palabras para aprender 23

Índice 24

Nota a padres y maestros 24

Diferencias

Todos somos diferentes.

Aprender

Aprendemos datos.

Aprendemos destrezas.

Aprendemos a nadar.

Aprendemos a leer.

¿Cómo aprendemos?

Las personas aprenden de diferentes maneras.

Las personas aprenden en
distintos lugares.

Algunas personas aprenden al escuchar.

Algunas personas aprenden al observar.

Algunas personas aprenden al moverse.

Algunas personas aprenden sentadas.

Algunas personas aprenden al tocar.

Algunas personas aprenden al escribir.

Algunas personas aprenden solas.

Algunas personas aprenden en grupo.

¿Dónde aprendemos?

Podemos aprender en casa.

Podemos aprender en la escuela.

Todos somos diferentes

Todos aprendemos de diferentes maneras.

¿Cómo aprendes tú?

Palabras para aprender

Braille pequeños bultos sobre papel. El Braille se lee con los dedos.

computadora máquina que ayuda a algunas personas a comunicarse, leer y escribir

auxiliar de enseñanza alguien que brinda apoyo adicional a estudiantes

Esta sección incluye vocabulario relacionado que puede ayudar al niño con el aprendizaje de este tema. Use estas palabras para explorar el concepto de aprender.

Índice

casa, 20
datos, 6
destrezas, 7
escribir, 17
escuchar, 12
escuela, 21
grupo, 19
moverse, 14
observar, 13
sentadas, 15
solas, 18
tocar, 16

Nota a padres y maestros

Antes de leer

Pida a los niños que formen parejas e identifiquen tres cosas que los hacen diferentes, por ejemplo, altura, color de pelo, ojos o ropa. Explique que, aunque todos son únicos, también tienen cosas en común. Hable con los niños acerca de las diferentes maneras en que aprendemos. Pregúnteles cómo piensan que se aprende a caminar, hablar, leer y escribir. Explique que las personas aprenden de diferentes maneras y que distintas destrezas requieren diferentes maneras de aprendizaje.

Después de leer

Pida a los niños que trabajen con un compañero para pensar en tres maneras diferentes de aprender (escuchar, leer, que te muestren cómo hacer algo o trabajar solo). Recopile las respuestas y haga una tabla en el pizarrón para que los niños las puedan estudiar. Explique que hay muchas maneras de aprender.